2008@박성대 제1집

흙담장

장포(匠佈) 박성대

2008@ 흙담장

인 쇄 : 초판인쇄 2008년 10월 22일
인 쇄 : 초판발행 2008년 10월 25일
지은이 : 박성대
펴낸이 : 우미경
편 집 : 윤기영
펴낸곳 : 도서출판 현대시선
등 록 : 제 387-2006-00017호
본 사 : 서울시 동대문구 장안동 381-8 삼보A동 102호
지 사 : 경기도 부천시 원미구 원미동 147-12
전 화 : 02-844-5756 팩시밀리 : 02-831-5832
이메일 : hdpoem55@hanmail.net

정 가 : 6,000원정
ISBN : 978-89-92687-11-9-03810

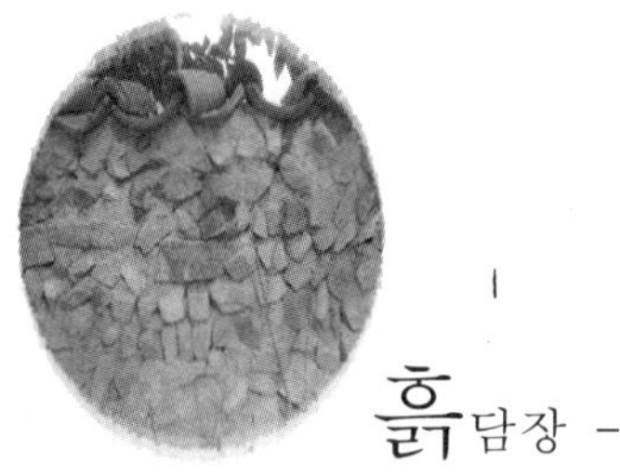

흙담장 -

1부. 흙담장
2부. 어느 가을 날
3부. 기다리는 봄
4부. 남촌
5부. 들꽃

아호: 장포(匠佈)박성대
출생: 1954년 경북 영덕 창수
경력: 좋은문학 시부문 신인상 등단
좋은문학작가회 이사
한국문인협회 회원
민들레 동인
공저: 별을 찾는 이 행복하다. 경계
시집: 흙담장
핸폰: 010-9668-6645
메일: psd540610@hanmail.net

자 서

유년시절부터 갈망하던 문학의 길을
억겁의 삶을 버티면서도 잊어본 적이 없다.
언제 어디서던지 메모에 정성을 다하며
내 작은 가슴에 불씨를 지피고 싶었다.

창작이라는 거대한 발판을 위해
내 마음의 갈등을 해소하며 버텨 온
숱한 시간들을 다시금
그 몇배의 시련속으로 빠져들기 위해
오늘의 작은 시집을 생각한 선물이랄까
조심스럽게 심장 밖으로 드러내면서
한편으론 부끄럽기 한량없지만
내 자신과의 싸움을 위해 내 놓은 졸작이지만 자연과 벗하며 때론 동심으로 빠져들기도 하는 그런 세상을 열망하고 싶은 충동질인지도 모른다.

이 처녀시집을 발판으로 하여
더욱 열심히 배우고 익히고 싶은 마음이며

이 험준한 길 따라 묵묵히 걷고 싶다.
그리고 계속 정진하고 마음으로 거듭나고 싶다.

삶의 노래를 위해
고행의 몸짓을 위해
오늘도 한걸음 한걸음
문학의 길을 나서고 싶다.

정건우 시인님과 민들레동인회원님들께
깊은 감사의 말씀을 드리며
많은 호응과 질책을 부탁드립니다.

2008년 10월

장포 박성대 배상

목 차

저서 - 박성대 、4

1부. 흙담장

흙 담장 、10 봄비 、11 늦가을 、12 화장터에서 、13
그대 우리 영덕에서 、14 벌목꾼 、15 아내들이여 、16
투망 、18 영해 바다와 고래 、19 봄의 향연 、20
진맥 、21 장기 읍성 、22 칡뿌리 、23 향수 、24
염원의 고향 、25 미련한 나이테 、26 목욕탕 、27
편지 、28 마음 、29

2부. 어느 가을 날

어느 가을 날 、32 산촌 、33 둘이서 、34
그리움 、35 작은 연목 、36 꽃밭 、37 너와 나 、38
엽서 、39 눈 내리는 날 、40 하얀 얼굴 、41
패랭이꽃 、42 산딸기 추억 、43 울 어매 、44
밤의 기적 、45 종착역 、46 시래기 、47 삶 、48
가을밤 、49 추억 、50 서리 、51

3부. 기다리는 봄

기다리는 봄 · 54 봄바람 · 55
아스라한 별빛 속에 · 56 망자 · 57 봄날 · 58 길 · 59
늦가을의 해거름 · 60 바위 · 61 먼 후일 · 62
외로운 밤 · 63 희망의 아침 · 64 초심 · 65 묘령 · 66
온정 · 67 첫눈 · 68 구월 · 69 가을의 멜로디 · 70
새벽녘 · 71 아침햇살 · 72 어머니 · 73

4부. 남촌

고요한 밤 · 76 칠석날 · 77 별빛 · 78
이른 아침 · 79 코스모스 향기 · 80
마지막 낙엽 · 81 기다림 · 82 고독 · 83
대자연 · 84 순정 · 85 진달래 · 86 떠나올 때 · 87
창가에서 · 88 산골여름 · 89 남촌 · 90 춘흥 · 91
바람아 · 92 등단 · 93 겨울 아침 · 94 밤 · 95

5부. 들꽃

들꽃 · 98 삶의 미소 · 99 호수 · 100
병상에 띄우는 글 · 101 남한산성 · 102
그리운 어머니 · 103 멧돼지 · 104 분봉벌 · 106
코스모스 · 107 빗속에서 · 108 내일 · 109
고독의 대화 · 110 회상 · 111 산비둘기 · 112
안개 · 113 장날 · 114 아침 햇살 · 115

해설: 목부(牧夫)가 부르는 위로의 노래

1부. 흙담장

어느 한날 태풍이 불어
허물어진 한쪽 귀퉁이
흙과 돌 버무려 다시 쌓았건만
그 손길만 못하다
내려앉은 하늘
금방이라도 비가 내리면
나의 흙 담장
아버지 냄새도 씻길 것 같다.

흙 담장 중에서....

흙 담장

비가 오면 무너질까
더듬어 보는 담장
아버지 손길 아직도 살아 있어
허물고 고치려 해도
망설여진다
어느 한날 태풍이 불어
허물어진 한쪽 귀퉁이
흙과 돌 버무려 다시 쌓았건만
그 손길만 못하다
내려앉은 하늘
금방이라도 비가 내리면
나의 흙 담장
아버지 냄새도 씻길 것 같다.

봄비

한가로운 구름이 산을 넘고
해거름 아래 이름 모를 산새 소리
숲속 너머로 밀려올 때
농부의 마른 가슴 촉촉이 적시는 봄비
온 대지는 축제 분위기로 들뜬다

시냇가의 버들가지 푸름이 짙어가고
산골마을 굴뚝연기 길게 꼬리 내어
피어오를 때
종달새는 앞개울을 지나
안개 속으로 사라지니
높다란 산자락에도 단비가 내린다

창수령 정상위에 봄향연 흩어지고
온 산천이 암 흙을 변모하듯
밤은 풍요롭게 익어간다.

늦가을

들판은 황금물결
하늘엔 시리도록 청명한 세상
땅도 사람도 물드네

사과나무 가지 끝에서
익어가는 오후
설익은 까치밥은
낮은 바람에 흔들리고

빈 계곡
한 바람 안고 콩 타작하는 아지매
가슴을 두드리는데
뒤편에 밤송이는 속절없이 여물어 가네

돌담사이로 흐르는
달빛 속으로
자근자근 다가오는 해거름
창밖 나뭇잎을 쓸어가네.

화장터에서

인생의 종착역에서
자녀들의 하직인사 기적처럼 울리고
검은 연기 하늘로 솟구칠 때
가슴 치는 통곡 두 눈이 머네
목 놓아 탈 상제를 마무리 할때
상주는 자신의 심장을 꺼내들고
힘겹게 우네
유분을 담은 영혼의 함앞에
가족들의 애절한 오열들이
하늘의 먹구름만큼이나 애달프다

차 속에 모신님의 영혼
살아생전 돌고 돌은 그 길이건만
다시 못올 길을 따라
아흔일곱 수에 어머니 산소옆으로
체온이 가시지 않는 뼈가루로 돌아오니
어머니의 영혼이 눈물로 반겨주네
유분함이 불타오르는 연기속에
임의 영혼은 고향산천에 누웠네.

그대 우리 영덕에서

물소리는 옥계 계곡 힘이 넘치고
송이는 골짜기마다 천리향으로
터질 듯 취한 은어떼 오십천
맑은 물에서 번득일 때
동해바다 푸른빛
영덕대게 같은 풍차의 날개아래
부서지는 날
우리, 소방 만남의 장으로
노래와 춤이 섞여
신명나는 하루의 굿판이 벌어지니
서로의 경계와 서먹함이 사라지고
하나 된 그대, 우리는
한 몸으로 불타올라
이보다 더 좋은 만남의 기쁨이
어디 있으랴
고달픈 산업 현장에서
항상 변하지 않는 영덕의 복사꽃처럼
소방의 영혼은 꺼지지 않고
영원히 타오르는 불꽃 되리라.

벌목꾼

아늑한 보금자리
아랫목까지 칼바람이 불어온다
온 동네의 평화도 이제는 끝이나
벌목꾼 침입으로 온산의 지축을 흔들고
무자비 목과 팔을 잘라버린다
골마다 피가 난자되어
계곡으로 넘쳐흐른다
사늘한 산야에는
산새들마저 집을 떠나버렸다
처참히 잘려진 틈새에
군데군데 살아난 수목이
파르르 떨고 있을 때
엥엥 톱소리
선잠깬 아주머니 겁먹은 눈처럼
이산 저산 벌목꾼의 전쟁이 끝나지 않아
비좁은 공간을 도망을 쳐보았지만
벌목꾼은 어느새 앞에 서 있네.

아내들이여

아내들이여
남편한테 잘하라
남편을 언짢아 하고 탓하기 전에
거울 앞에 서서
한심하게 변해가는 자신을 보라

아내들이여
그나마 옆에 두고 볼 수 있는 남편
얼마나 고맙고 행복한 일인가
감사할 줄 알아라

어느 날 혼자되면
비참한 모습을 상상해 보라
초라하고 누추한 모습을 생각해 보게나

세상에 속내리 비밀을 같이 할 사람없고
병들면 보살펴 주는 사람 없을지니
생각만 해도 아찔하고
외롭고 슬픈 일이 아니겠느냐

자식이 효도한들
병든 남편만 하겠는가
남편이 옆자리를 지킬 때
행복의 보금자리가 아니겠는가.

투망

벌목 톱날은
비늘처럼 번뜩이고
팔뚝 아래로
펄덕펄덕 잘려나가는 나무들
계곡을 울리는 비명은
햇빛을 타고 미끄러져
능선아래 바다에 잠긴다
무료한 오후에 던진
투망속에
잠겨든 지옥처럼
갇힌 전어떼
물에 뜬 나뭇잎 사이로
등푸른 배를 보이며
바다 속으로 살아져 버렸다.

영해 바다와 고래

옛 친구 얼굴들은 아릿아릿하고
모여드는 발길들은 저릿저릿 한데
속절없이 가버린 기억들은 뭉클하다

천리길 달려와 이곳에 모인 동문들 뒤편
저 문밖까지 따라온 한 해의 꼬리

아 동문들이여!
우리는 이 자리에
영원히 잊지 못할 우리 모교와
동해의 푸른 바다와
한 마리 펄떡이는 고래를 끌고 왔구나

요동 치거라 고래여
우리의 영해여
펄펄거리는 시퍼런 가슴 뜨거워 지거라

포효하거라 이 자리에서
영해 중고교여
검푸른 고래여!

봄의 향연

어디에서 왔는지
한조각 뜬구름 모였다 흩어져
햇살 좋은 봄날에
한 움큼 봄바람 주머니에 넣어

움추렸던 버들가지 푸르름에 깃들어
아지랑이 펼쳐지는 뒷동산에
봄기운 나부끼는 사람들 틈에
오는 봄을 막을 수 없어

산허리 휘돌아 숲속이 끓어올라
파릇파릇 피는 계절
드넓은 풍경처럼
양지바른 언덕에 할미꽃 고개숙여
저만치 산빛이 짙어가니

바람결에 흔들려
동면중에 놀란 개구리
익어가는 봄날에
기지개를 켜네.

진맥

손목을 짚으면
밝고 어둠이 있어
왼 손목에는
간. 심장. 신장이 잡히고
눈. 가슴. 얼굴 색깔이 그려지네.
오른손에서는 또
폐. 위. 신장이 뛰쳐나온다

손가락 끝에 펄떡이는 혈맥
몸 깊은 곳으로 찾아가고 싶은 마음이라.

강하게 울리는 소리 동녘에 솟는 햇살 같고
약하게 기어가는 소리
서산에 넘는 해를 바라보는 마음이라

심호흡 속을 파고드는 감촉
다시 뛰어오르는 피돌림
웃는 얼굴로 심장소리 듣고 싶다.

장기 읍성

산중턱 오두막집
쓸쓸한 등불이 긴 밤을 태우고
벽창이 그을리는 신음소리에
쥐들도 분주히 나다닌다
졸음에 지치다 허물어져 버린 토성
귀뚜라미 애끓는 소리에 까만 영혼들이
살아 움직인다
산새가 어두운 계곡 속으로 날아든다
천년 지형의 성벽
성현의 숨결이 들려온다
달빛에 젖은 빈산에
날이 밝아오면
흰 수건을 동여맨 늙은이
복분자 팔로 오겠네.

칡뿌리

땅속깊이 파고들면
희고 향긋한 내음
중간마디에는 황색을 띄며 무게가 있어
그 맛 또한 달디 달다
땅위마디에는 흑색을 띄며
가벼웁고 쓴맛이 담겨있어
온갖 풍파에 시달려 겉만이
시커멓게 타버렸다
땅속 칡뿌리처럼
이슬 머금고 자라나듯
정성을 다해 살아온 날
햇볕이 내리 쬐는 곳에서
흰색 알통 칡 보듬으며
칡뿌리 사랑 이루어지려나.

향수

해가 기울고
그림자도 제 집을 찾아갈 때
한걸음 밀려오는 어둠에 나래를 안고
조용한 안식처에 몸을 눕힌다

한 몸에 베어오는 노을 속에
높은 봉위에 홀로 앉아
먼 망향가에 한숨지면
그리움이 엿가락처럼 늘어진다

창파에 흐느끼는 고뇌 속에
그리운 산천이 눈가에 맴도니
촉촉이 젖어오는 은하수도
이 밤 다하도록 눈물 짓는다.

염원의 고향

달은 밝다마는
구름에 숨어있고

바람은 불지마는
들판이 고요하다

어두운 먹구름이
밤안개를 찾아와 얼룩지면

적막 속에 잠재우는
별들의 사랑은

소쩍새 울음소리와
고향의 염원을 꿈꾸고 싶다.

미련한 나이테

고요의 나래 속에 묻혀오는 밤
별들의 고운 미소와 함께
소리 없이 흐른다

그리운 이 마음
싱싱한 아카시아 잎마다
계절의 멋이 서려
반딧불은 능선을 타고
추억으로 달린다

저 달이 지면
묵도하는 사색의 건널목에
어머니의 음성이 아련히 떠오르니

저 달이 지면
미련한 나이테는 오늘도
어릴적 질책하던 그 모습이 그립다.

목욕탕

하루의 피로를 고뇌와 함께
훌훌 털어버리고

뜨거운 물방울 속을 헤메일때
찌는 육신은 안락한 시간 속으로
묻혀간다

물 끓는 소리에 눈을 감으면
고뇌와 시련이 함께 어우러져

안개꽃처럼 만발이 피는
땀방울이 흘러내리면
편안한 시간 속으로 달려간다.

편지

기다림 속에 여울진
텅 빈 벽지에 까만 낙서

흐트러진 베일 속에
한 가닥 사랑이 목메인
들리지 않는 옛 모습이 떠오른다.

먼 길을 따라
희망의 물결을 타고
동심의 나래에 눈시울을 적신다.

마음

이 밤도 저 별님은
그리워서 목메이는 노래를
조금이라도 알까.

임을 찾아 헤메이다
속절없는 눈물이 흐를 것 같은
저 별님이

몸부림치는
잔잔한 호수에
물방울을 터뜨리듯

깊은 밤
그대 곁으로
몸서리치듯 다가서는 이유를 알까.

2부. 어느 가을 날

누가 오길래
귀뚜라미는 노래하고
여치는 반가움에 비단을 짜는가.

누가 오길래
사과밭에 푸른 열매 붉은 옷을 갈아입고
감나무의 감들은 저 혼자 낯을 붉히는가

누가 오길래.

어느 가을 날 중에서...

어느 가을 날

누가 오길래
들국화는 향을 내뿜고
코스모스는 춤을 추며 반기는가.

누가 오길래
귀뚜라미는 노래하고
여치는 반가움에 비단을 짜는가.

누가 오길래
사과밭에 푸른 열매 붉은 옷을 갈아입고
감나무의 감들은 저 혼자 낯을 붉히는가

누가 오길래.

산촌

비갠 한나절
화장을 끝낸 여인의 얼굴인양
나를 유혹하듯
눈빛은 산봉우리에 머문다.

깨끗이 단장된 산마루에
첩첩이 쌓인
고향의 정취

청명한 하늘자락에
굴뚝연기 피어오르면
붉은 색으로 물들인
내 고향 저녁 놀.

둘이서

다투지 말고
잔소리 내지 말고
빛나는 눈동자로 바라보아요

둘이서
하루 종일 함께 있어도
지루함이 없잖아요

둘이서
떨어지지 말고
따뜻한 침대에 누워 사랑을 속삭여요

둘이서
온종일 붙어 있어도
정녕 지루함이 없잖아요.

그리움

둥둥 떠가는 노을속
빨간 단풍잎 하나

길모퉁이 외롭게 핀
들국화 하나

바라보는 산마루에
걸려있는 실구름 한 조각

떠나가는 님.

작은 연못

아무런 움직임 없는
따사로운 햇살이 졸고
가랑잎 옹기종기 모여
도란도란 얘기하는
숲속의 조그마한 연못
숱한 옛이야기가 잠든다
작은 물새 날아와 소란을 피워도
연못은 다정한 미소로 반긴다
나
한 마리 노루가 되어
거울 같은 수면에 모습을 비쳐보고
한 모금 목을 축인다
파아란 하늘이 있고
구름이 머물다 가는
숲속 조그만 한 연못
옛이야기가 잠든다.

꽃밭

아직 당신이 쉬어갈 눈부신 꽃밭입니다
찢어질 듯 뼈아픈 비바람도
열렬히 피어오르는 목련입니다
소슬바람 불어와 매만지면
나비떼 춤추듯
당신이 쉬어갈 눈부신 꽃밭입니다
한줌 이슬 머금은 백일홍도
담장 밑에 숨어있는 흑장미도
수줍음을 유혹하듯
그러나 아직은
당신이 쉬어갈 꽃밭입니다
채송화 그리고 민들레도
당신을 사랑합니다
꽃들로 얽힌 무릉도원에서
당신과 나는 사랑의 세레나데를
들을 겁니다.

너와 나

차갑게 쏟아지는 눈비를
아랑곳 하지 않더라
겨울 햇살에 그을려가는 얼굴
살얼음처럼 얼어오는 너의 손등을
하루를 메만지며
자연스레 스쳐가는 두 뺨 위에
퇴색되지 않은 꿈과 집념이
밝고 고운 태양빛이 늘 타고 있더라
젊은 내 마음은
숙연하게 뜨거워진 눈시울이더라
내일을 씻는 듯 맑은 공기와
개운한 팔다리가
겨울바람 휩쓸 고간
고적한 밤하늘에
은빛처럼 멀어지는 별자리들
한 뺨 되는 가슴에다 옮겨 심으리오.

엽서

발자국은
그리움이 영글어
사랑을 낳고
그렇게 지나가는 마음
쭉 뻗은 나뭇가지처럼
조용히 문이 열리면
당신과 나의 대화는
하나씩 하나씩 추억을 남기고
짙어가는 푸른 잎사귀처럼
언젠가 한번
만나야 할
우리.

눈 내리는 날

겨울 이야기가 한창이던 어느 날
내 머리 속으로 줄지어
고향의 추억이 밀려온다
눈 내리는 골목을 뛰며 좋아했고
멍멍이들이 의미 없이 따라 다녔고
그러나 피부에 닿은 차가운 무리들이
금세 눈물이었던 시절
그때가 좋았다
지금은 모두 흩어져버린 소꿉놀이 추억
하얀 눈이 쌓이는 겨울이야기 속
버리고 싶지 않는 순수의 모퉁이를
눈 내리는 밤에 얽히고 싶다.

하얀 얼굴

구름사이 가려진 얼굴
수줍다 못해 고개 숙이네
재 너머로 살포시 비껴오던 날
정녕 고요만이 가득찬
칠 흙의 어둠도
구름사이로 내민 얼굴에
살며시 하얀 미소 보낸다.

패랭이꽃

바람결이 잎새 사이로 밀어를
속삭여 준다
새끼손가락으로 꾹 누르면 쪼르르
파란 거품이 일 것 같은 하늘가에
흰 구름이 흐르고
언덕위에 홀로 무심이 그를 지켜본다
구름 가는 아늑한 곳 이 한 몸도 가고픔에
가슴 죄는 그 하늘
황혼이 내리는 광야가 펼쳐있고
메마른 심호흡을 안겨 줄 사랑에
세레나데가 들녘 가득 흐른다
풀밭사이엔 키 작은 패랭이꽃이
채다 못핀 봉오리를 바라보며
몇날 며칠 두고도 못다 이룬
작은 소망을 노래한다.

산딸기 추억

산딸기 하나 따서 입에 넣어 깨물면
새알 깨지는 소리와 향긋한 내음
고향의 향기 그것이었다
덤불을 해치며 빨갛게 익은 열매를
더듬는다
한 알 두알 채워진 산딸기의 추억들이
어릴 적 소꿉친구의 소박한 행복이
담겨있었다
다정한 그들은 어디에서 살까.

울 어매

감꽃향기는 어느 듯 감을 열어주고
담밑 해바라기
햇살 부끄러워
검은 진주 감추우고
환희에 젖은 허수아비
헌옷을 걸쳐 보건만
사뭇 날아가지 않는
안타까움의 사연이라
귀뚜라미 소리에
책상위에는 쉬이 편지 쌓이고
하늘에는 철새들의 움직임을 말해주는
풍요의 계절
그리움도 외로움도 좋고
황금물결 치는 들녘이 좋아
들꽃향기 울 어매와 같구나.

밤의 기적

용강의 날개도 잠드는
허전한 밤
가슴으로 고향을 그리며
잠 못 드는 밤
밤의 기적소리에 소리 쳐 보아도
목멘 소리로 고독을 던져 보았지만
눈물조차 없는 나그네의 발길 따라
산허리를 감아 도는 안개사이로
긴 밤을 지새우니
열차의 기적소리만 슬피 운다.

종착역

다시 흩어져 흐르는 상념
대화도 없이 무작정 달려 온 길
몇 날일까
어느 곳에 내 슬픈 사연이 머물었는가
설 수도 갈 수도 없는 고정된 위치에서
흘러온 세월 속에
너와 나
아픈 가슴을 꿰뚫은 대로
영원한 갈림길일까
어디로 갈까 망설이다
종착역에 도착하면
지나온 날도
가야할 길도
흔적 없는 아득한 길.

시래기

애처롭게 자란
총각무청 나물잎에
이랑사이 휘적이며
단을 묶은 그 손길이
어느 곳으로 갈까 갈 길이 바쁘네
큰 것 작은 것 구별 없이
머리목이 잘라버려
험상궂은 손등위로
하나하나 매듭지어
헌집 처마 끝에 달아 놓으면
동지섣달 기나긴 밤
화롯불 위 뚝배기 속에서
행복한 된장으로 만나
보글보글 사랑을 풀어 본다.

삶

생의 욕구와 갈망은
태양의 열기를 앗아갈 듯
용솟음쳐 흐르고
빗발치는 번뇌와
생사의 갈림길은 필정이련만
애써 가지 않으면 안 될 슬픈 여로
가고 오는 세월의 흐름같이
신비롭고 미묘함이 덧없구나
그 먼 옛날
떨어져 나간 낙엽처럼
영영 흙이 되었던가
태양이 서녘으로 쓰러지듯
서글픈 창가에 기울이며
오늘도 내일의 갈림길에서
망각의 꿈이 접어든다.

가을밤

복스럽던 갈대꽃이 서러움에 엉킨다
늘푸른 소망을 간직 하려던
온갖 풀들은
하늘의 뜻을 감수함인지
조용히 생을 여미고
고독의 원혼인양
들국화 외롭게 피어 허물어지는
꿈을 지킨다
스치는 소슬바람에
윗사람들이 창가에 앉아
천만갈래 사색에 젖는다
그리운 내 친구
정다운 이웃사촌들 사이로
가을밤이 익는다
창틈으로 흘러드는 달빛 여울에
등이진 푸념을 풀어 버리고
돌지 않는 원점으로 돌아가 본다.

추억

헤어진 벗들을 다시 보면
커져버린 얼굴에는
소꿉장난 그 모습 찾을 길 없어
피어오른 늙은 모습 감출 수 없네
정들었던 먼 옛날의 책자같이 쌓인
전설을 일깨워 가며
기와지붕 헝클어진 문풍지 사이로
살며시 말해주는 우정의 정다움
빙 둘러 앉은 한복판에
정다움을 말해주는 막걸리 통속을
우정이 넘치는 잔속으로 깊어만 가네
갑자기 꺼져버린 등불사이로
은은히 비쳐오는 담뱃불 너머로
추억의 전설이 되살아나네.

서리

밤새도록 문풍지 사이로 스며오는
찬바람 소리에
웅크려 잠을 자고 일어나 창문을 열면
초가지붕 기와지붕 분별할 수 없이
밤새껏 하얀 생명수를 마시다 지친 듯
반짝이는 햇살이 천사를 부른다
보드라운 바람의 감촉처럼
살며시 손바닥으로 끌어 모으면
백설이 되어 가슴을 적시니
이것이 바로
인생의 맛이라 곰삭힌다.

3부. 기다리는 봄

아지랑이 봄을 기다릴래요
사나운 폭풍이 불어와
가슴을 날려버려도
서러운 소낙비가 내려 전신을 적셔도
참을래요
그냥 이대로 새순의 봄을 틔워
꽁꽁 언 대지를 밀어내고
노오란 봄꽃이 되어 볼래요.

기다리는 봄 중에서...

기다리는 봄

오늘을 잊고 내일을 준비할래요
자꾸 재촉하지 마세요
이대로 조용히
아지랑이 봄을 기다릴래요
사나운 폭풍이 불어와
가슴을 날려버려도
서러운 소낙비가 내려 전신을 적셔도
참을래요
그냥 이대로 새순의 봄을 틔워
꽁꽁 언 대지를 밀어내고
노오란 봄꽃이 되어 볼래요.

봄바람

산새가 높이 날고
봄바람 계곡이 여울을 적실 때
깊은 숲속에 빠져든다
웅장한 나무들의 어른스러움
야생초의 수줍은 웃음이 피는 그곳에
가시덩굴의 심술이 되살아 나
사그락 거리는 낙엽을 걷어내어
냇물 소리가 나를 부른다
여인의 품속마냥 포근한 기운이
손짓을 한다
아련히 피어오르는 아지랑이처럼.

아스라한 별빛 속에

하루를 잠재우던
일렁이는 밤
진실을 남긴 추억은 봄의 입김 속에서
길손처럼
구름위에 비켜 선 또 하나의 계절이 되어
시골 아낙네의 치맛자락처럼
애수에 젖은 별빛이 머문다
어둠이 침식된 망망대해를 향한
바다인의 의지처럼 가슴으로 타오르는
생명의 외침을 거두면서
붉게 타오르는 태양을 기다린다.

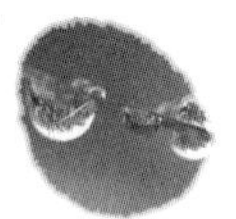

망자

산으로 가는 사람들
마지막 한순간
하늘로 물들이던 그들은
과연 무엇이 될까
진달래꽃으로 가지에 아롱질까
어두운 밤 번갯불로 길을 밝힐까
오늘 저 기슭에서
보일 듯 숨어서 서성대는 넋은
살아생전 소매 뿌리 스쳐 간
정녕
날 부르는 그 일게다.

봄날

어제까지도 볼을 후비던 모진 추위도
봄처녀 숨결로
악몽에서 깨어나
오늘아침
아롱지듯 두 눈에 이슬 머금고
웃음이 가득하다
건너편 개울가 아지랑이도
눈꽃 속에 숨어있던 복수초도
노란 자태를 뽐내니
종달새도 흥겨웁게
봄노래를 부른다.

길

이 밤길이 이끄는 대로
피곤한 영혼은 그 집을 떠나고
가슴에서 가슴으로 흐르지 못한 설움은
하늘 끝에 불붙은 노을처럼
한번쯤 너를 떠나고 싶다
덧없는 인생
한 가닥 무지개로 덮어
봄날 산허리에 휘감기는 아지랑이처럼
허공에 머뭇거리는 몇 조각의 구름처럼
더러더러 그렇게 길을 떠나고 싶다.

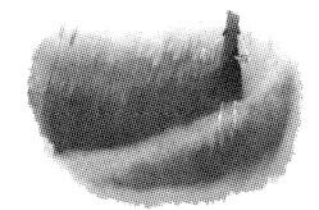

늦가을의 해거름

추수한 밭이랑 사이
멍석을 펴놓고 쭈그리고 앉아
콩 타작하는 저 아주머니
방방한 엉덩이를 흔들며

외진 산골
텅 빈 벌판
고랑사이 스미는
정막을 두드리네

작대손 아래
노오란 물방울이 빛나니
머리 휘감은 수건 속에서

서산에 꼬리 잡힌 햇살
바스락 소리와 함께
맺혀가는 땀방울 너머로
가을이 깊어가네.

바위

태고의 냄새 풍기는
너는 자비로운 부처의 자태
영원한
숲속의 전설에
귀를 기울리면
눈비 내리고
꽃잎이 지는
모진 세월의 무상함도
묵묵히 침묵만을 고집하며
인내와 고뇌에 찬 모습으로
너는 그렇게 거기서
고향을 지키고 있구나.

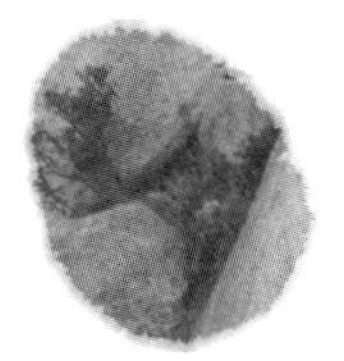

먼 후일

초하의 더위로부터
짙푸른 보리밭 사이로
그리움이 인다
계절 따라 마음 싣고
현실의 고독을 더하는
초라한 나의 마음이지라도
먼 후일
진정 새로운 나날들이
후회 없는 삶을 추구할지 모른다
내일을 찾고
미래를 갈망하는 회심의 미소 속에서
정녕
지금의 시련이 다할지라도
웃음을 잃지 않으려고 한다
이제 매스꺼운 꼬투리에
사랑이 없을지라도
희망을 찾아 방황하련다.

외로운 밤

님 떠난 외로운 밤
별빛마저 시리고
처마 끝에 낙수 물도 내 마음인양
눈물이 멈추질 않네
스산한 바람은 문풍지를 울리고
깜박이는 호롱불은 기다림에 지쳐
시간 따라 깜박이네
달빛은 밝은데
떠난 님은 왜 못하시나.

희망의 아침

연분홍빛 긴 햇살이
능선을 타고 넘어오니
젖빛 안개는
골골이 휘돌아 앉아
태고의 전설을 잉태한다
초록빛 대지를 가로지르는
순정의 물결들
힘찬 하루가 열린다
까만 동공의 이슬 머금은 입술엔
끝없는 바람이 서리고
뜨거운 가슴속에는
그리운 님 생각에 눈물이 고인다.

초심

산촌에 어둠이 질때
풀벌레 울음소리 마음에 담으면
옛날이 그리워 현재의 나를 잊는다
상념과 함께
타는 가을들녘을 걸으며
이내 다가 올 겨울을 헤아리며
이제
가을 나그네가 된다.

묘령

갓 피어난
목단의 입술마냥
붉은 노을이 부풀어 올라
찬란한 환희의 꿈을 실어준다
먼 여로에
석양은 저물고
굽이치는 푸르름 너머로
높게 피어오르는 두 눈동자 속에서
하염없이 이슬이 맺히어 온다.

온정

귀뚜라미 울음소리는
더욱 더 외롭게 들려온다
불빛하나 보이지 않는 어두움
밤은 고요의 파도를 탄다
모든 번뇌를 잊어버리고
오늘을 반성하고
내일을 열어 갈 이 밤
한치 자란 갈대밭 사이로
금방 삼킬 듯한 그림자가
내 영혼을 가리운다
깊은 밤
북두칠성이 자취를 감출 때 쯤
조용히 안식의 나래를 편다.

첫눈

첫눈 내리던
지난 초겨울 날
메마른 나뭇가지에
조용히 눈꽃이 피어날 때
그리운 님을 만났다
허나
닿으면 사라질까
만지면 잊혀질까
두려워 망설이기만 했다
그러기에
심술궂은 햇살이 훼방 놓을까 두려워
다락방에 숨겨두고
시리게 다가서는 너의 촉감들
아직도
소리 없이 흘러오는 그 흔적들이
사랑의 귓속말로 속삭인다.

구월

철늦은 매미가 슬피 울고
해는 서산에 기울어
영글어가는 사과나무에 노을이 되어
하루의 삶을 닫으려고 한다.
한낮
코스모스의 언저리에
고추잠자리가 유영하던
뒷마루 굽은 사이로
가을이 빨갛게 타올라
아낙네의 머리위에 세월을 이고
귀뚜라미 소리 따라 길을 나선다.

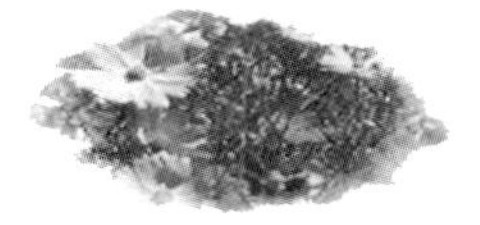

가을의 멜로디

멀리서 들러오는
초겨울의 소리를 들려오고
앙상한 나뭇가지에 붙은 낙엽들
가을의 향연을 일으키며
시집 온 새색시처럼
곱게 단장을 한다
한잔 술에 얼큰한 잡초와 함께
갈대의 순정이 무르익어 가는
연약한 순정들.

새벽녘

이슬 젖은 나뭇가지에
산새의 노랫소리가 들려오는
정다운 산촌마을
안개가 자욱한 냇가에
가늘게 떠오르는 얼굴
들국화의 순정처럼
새벽은 그렇게
찬란하게 깨어가는
젊음의 고동소리.

아침햇살

아스라한 별빛 속에
하루를 잠재우던 대지도
심호흡에 일렁이는 밤
진실을 남긴 추억은 봄의 입김 속에서
늦은 밤 길손처럼
구름위에 비켜선 또 하나의 계절은
시골 아낙네의 치맛자락처럼
애수 젖은 별빛이 머문다
어두움이 침식되어
대해를 향하는 바다인의 의지처럼
가슴에 타오르는
생명의 외침을 뿌리면서
허허로운 거리마다
계절은 졸고 있다.

어머니

첩첩산중 외로운 골짜기에
돌봄 없는 할미꽃처럼 미소 짓는
어머니!
국화송이처럼 우아하셨으나
자태를 잊으시고
서러운 정 가슴에 지니시며
모진 바람 견디며 사셨던 어머니
지나가는 먹구름도 스쳐가는 봄바람도
의식하지 않고 그냥 그렇게
씨앗을 끌어안고
허리가 구부러진 할미꽃이 되신
나의 어머니
질화로의 재처럼
한꽃의 역사로 길이 남으셨네.

4부. 남촌

작은 쪽방에서
창밖을 내다보며
나는 울고 있다
흐린 밤 별빛이 금 새 얼룩지더니
어둠속으로 숨어 버리고
겨울을 재촉하는 귀뚜라미도
제 설움에 구슬피 울며
낙엽을 떨구는 가을바람도
이제는 길 떠날 채비를 하는 구나.

남촌에서...

고요한 밤

고요한 밤 적막의 베일을 씌울 때
향기로 반짝이는 별빛의 사랑 이야기
태초의 숨결을 간직한 비너스의 사랑
계곡으로 흐르는 물소리와
모두가 잠든 고요 속에
뭇소리가 화음이 어우러져
밤의 노래로 익어간다
고독과 아픔이 녹아내리는 밤
아스라이 들리는 개구리 울음에
자꾸만 울먹여진다.

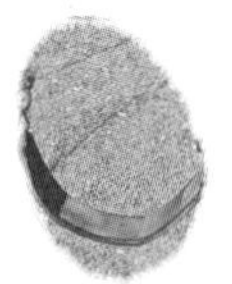

칠석날

누구의 언약일까
술 익은 나뭇잎과
뜨거운 눈빛사이로
신비의 자락이 휘감기는
그들을 만날까
한 덩어리 커다란 수창이 되어서
작은 꽃밭에 소리 없이 내려앉은
이 순수한 만남
따사롭고 정겨운 대지를 적시며
그들은 강물이 되어
다시 만날까.

별빛

무수히 빛나는 은하수는
너와 내가 뿌린 사랑의 속삭임
자욱이 내려앉은 안개사이로
뜨거운 대화가 피어나고
칠흑 같은 어둠도
사랑의 별빛으로 밝히면
밀려오는 내일은
또 하나의 별을 만든다.

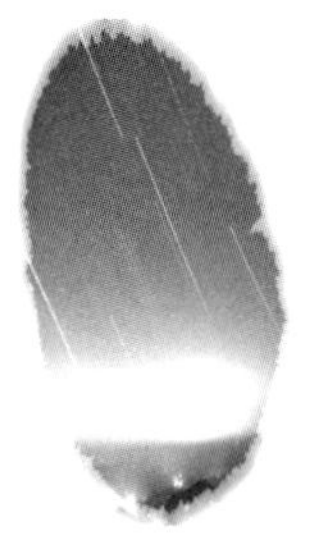

이른 아침

이른 안개가
산허리를 휘감아
밤새 토해놓은 꽃향기가 가득하다
숲속의 빨간 별동산장엔
아침연기 가늘어지고
줄기차게 흐르는 시냇가에 앉아
하얀 손을 모아 기도하는
어느 소녀의 마음처럼
순수의 맥박이 토닥인다.

코스모스 향기

가을의 소슬바람 따라
잊을 수 없는 길모 퉁엔
빨간
분홍
흰색
수줍은 입술을 내밀고
하늘하늘 소복하게 휘날리네
어느 날 길가에
날아드는 철새들의 넋두리
때때로 사랑으로 피는 순박한 꽃잎
해마다 이맘때면
애끓는 들녘마다
풋사랑의 밀어가
짙은 향기를 머금고
한편의 애틋한 그리움을 좇아
아름다움을 위한 사랑을 꿈꾸네.

마지막 낙엽

매서운 바람은 찬 서리 몰고
바들바들 떨어대는 무서운
장난꾸러기 앞에
꼭 잡은 손마디마다
정이든 마지막 한 잎의 낙엽
떨어져 가기 싫어 몸부림치다
아지랑이 길 따라 떠난 그는
봄에는 다시 볼 수 있을까.

기다림

어제는 당신이 오실까봐
싸리문을 열어 놓았어요
오늘은 당신이 오실 것만 같아
호롱불을 밝혀두었어요
내일은 십리길 동구 밖으로
당신을 마중가겠어요
그러나 어디서든
당신이 무사하기만을
정안수 떠놓고
정성 들어 빌겠어요.

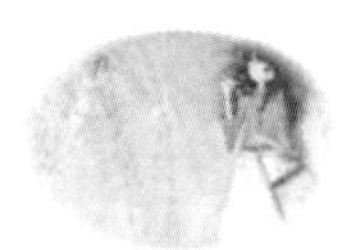

고독

낙엽이 지면 겨울이 오듯
나의 꿈은 사라지고
정적만이 앙상한 뼈대를 감싼다
가는 세월을 맞이하며
젊음이 허물어지니
기어이 허무만 쌓이네
낙엽의 외투를 벗은 고목에
하얀 눈처럼
행여 내 몸도 살포시 덮어 줄려나.

대자연

저 멀리서 들려오는 파도소리는
고독의 그림자를 싣고 부딪쳐 오고
메마른 대지위에서 불어오는 바람은
가쁜 숨소리를 안고 달려온다
애원하듯
울분을 토하듯
쉴 새 없이 찾아온다.

순정

파아란 하늘위로
불러보는 그 이름
평화로이 날으는 비둘기처럼
젊음을 불태웠던 잔디 위에서
예쁘게 웃어주던 들국화 같은 여자
낙엽 지는 가로수 아래에서
오늘밤도 그리운 그 여인을 그리며
꿈속에서라도 만날까
단잠을 부른다.

진달래

가만히 부르는 노래
입에 머물고
고옵게 풀어헤친 머리
실버들 되어
달뜨는 밤마다
이슬을 머금는다
신비로운 향기 먹은
작은 입술은
기다릴사 기다려도
짧은 세월에
얇은 분홍 비단치마
펼치다 접어
그리운 봄밤엔
애끓듯 흐느껴 소매 적신다.

떠나올 때

파도는
글썽이는 소녀를 않았다
두 볼에 타는 눈물
뱃전에 부딛처 깨어지고
쪼개지는 바다의 절규
애타는 심정은 모른다
납게 접은 하얀 쪽지
소녀의 숨결
두 손 모아 쪼개지고
가물댐이 어여빠라
긴 머리 휘감기는 너
하얀 손수건
짙어진 해조음에
얼굴 없는 흐느낌
파도에 날리는 옷자락.

창가에서

창가에 달이 걸려
비단 옷자락 은빛처럼 뿌리 우며
그리운님 옷자락인가
깜짝 놀라 잡아보고
창가에 달이 걸려
내방 창을 환희 밝히면
길떠난님 돌아오다 깜짝 놀라 일어나고
그리고 또 창가에 달이 걸리면
그대를 못 잊어 섬세한
은빛 손길 마냥 쥐어보네.

산골여름

싱그러운 계곡 속에
굽이 흐르는 합창소리
살갗을 태우는 뜨거운 태양도
풋과일 익어가는 아우성이기에
머루 알갱이 영글라고
나무 그늘 속에 매미도
마지막 열정을 토하면서
녹색의 향연을 펼치고
오색 차란 한 무지개가
살짝 다리를 놓으면
선녀라도 내려와 멱감고 가겠지.

남촌

작은 쪽방에서
창밖을 내다보며
나는 울고 있다
흐린 밤 별빛이 금 새 얼룩지더니
어둠속으로 숨어 버리고
겨울을 재촉하는 귀뚜라미도
제 설움에 구슬피 울며
낙엽을 떨구는 가을바람도
이제는 길 떠날 채비를 하는 구나.

춘흥

살며시 밀려오는 초봄의 흥취는
잎 떨어진 앙상한 나뭇가지사이로
맴돌고
저만치 밀려간 겨울은
이따금 눈비 내려
초봄의 꽃샘바람을 시샘하는가
눈 녹은 야산엔
포근한 기운이 감돌고
눈이 고아서 좋았던 숙이야
긴 겨울
웅크렸던 마음 활짝 열어
겨우네 쌓인 먼지 툭 털어 어깨 펴자
춘흥에 젖은 내 마음
두고 온 숙이 생각 못 잊어
살며시 밀려오는 꽃샘바람에
내 가슴 실어 보고파.

바람아

바람아 거센 바람아
그렇게 걷다가 지치는 날이면
내 앞에 잠간 쉬었다 가려무나
한잔의 막걸 리가 준비 되었으니
술잔을 부딪치며 이야기 하자구나
세상을 돌아다니며 만났던 희노애락
나에게 들려주지 않겠니
고향에 두고 온 부모형제
나그네 길에서 만났던 나의 첫사랑
혹시 갈매기가 되어
끼륵끼륵 울면서
날 찾아 바다를 헤메이지는 않는지
너무나 그리워 바람 따라 길 떠나고 싶다.

등단

인고의 세월 속에
굳어진 자리에서
파란 기쁨이 숨 쉰다
숨어 핀 들국화 향기가
이제는 귀뚜라미 축하 노래처럼
들려오는데
시문에 등단
가냘픈 꽃잎을 살포시 날리면서
미풍에 오랫동안 간직했던
미소를 흘리며
내일의 생각을 맛본다.

겨울 아침

겨울 아침 산으로 가면
저 지평선 너머
아침 해가 돋는다
산새들은 제각기 날개깃을 다듬으며
하루의 알과를 시작한다
산길에서
후욱
숨을 들어마시면
가슴가득 싱거러운 냄새
겨울아침에 한 아름 안고
터벅터벅 하루의 생활을 내어 디디면
가슴에는 온통
싱그러운 물결이 일렁인다.

밤

뜨거운 손길로 마음을 저어라
순정의 꽃잎이 물결치는 강
침묵하다 소리치는 달밤의 심정이
이슬처럼 방울지고
꽃잎이 물결치는 입술마다
희미한 세월의 노래되어
염원으로 흐른다
님이여
이름 없는 들꽃들이 가슴 가득 밀려와
새벽을 향해 달리는데
하늘은 그리움의 조각을
하나 둘 풀어 놓는다.

5부. 들꽃

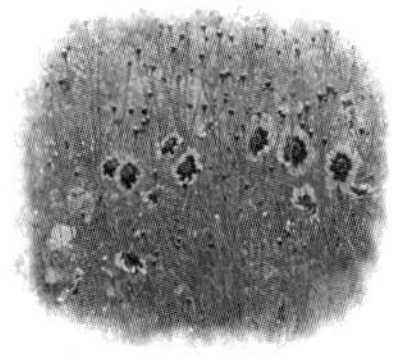

어두운 그림자들
애근의 일월을 안고
소쩍새가 슬피운다
아직도 어둠이 드리운 산하에
마주한 시간들
역사의 먼 기약처럼
타는 강물은 유유히 흐른다.

들꽃 중에서...

들꽃

차마 못 다한 사랑이
저문 날 산불 번지듯
세월에 기대어 선
어두운 그림자들
애근의 일월을 안고
소쩍새가 슬피운다
아직도 어둠이 드리운 산하에
마주한 시간들
역사의 먼 기약처럼
타는 강물은 유유히 흐른다.

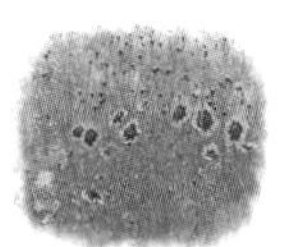

삶의 미소

온갖 고난을 겪으며
생동을 한다
때론 함박미소를 머금고
새 생명을 잉태한다
조용한 호흡
호젓한 꿈을 실은
긴 날의 여정이 내겐
굳은 의지로부터
맹렬한 의욕을 불태운다.

호수

바람도 호수 저편에서
불어오고
물결은 마음 따라
하염없이 밀려온다
그리운 얼굴
두둥실 떠오르는 꽃잎처럼
뜨거운 손마디로 흐르는
사무치는 그리움들이
아픈 마음을 어루만진다.

병상에 띄우는 글

오늘을 조용히 장식해요
사색시간 낙서시간 시작됩니다
쓴웃음 때문이 아니라
슬픈 대답 또한 아닙니다
기다림과 설레임이 있는 꿈 때문입니다
당신은 이 순간만큼은 즐거운
나의 꿈을 믿으소서
해맑고 다정한 그대의 목소리마다
그리움이 가득합니다.
안타까운 밤이 가고
애타는 한해가 간다해도
언젠가는 뜨거운 가슴을 열고
힘찬 걸음으로 내게 달려 올 것입니다
주고자 할 때는 반갑고 기쁜 것이요
얻고자 할 때는 괴롭고 슬픈 것이랍니다
이제 곧 그 세계가 기다리고 있습니다.

남한산성

굽이굽이 산 고개를 몇 수번 휘돌아
흰 눈 내린 산자락에 겨울바람 불어
고요한 잣나무가지 끝마다
차가운 입김이 걸린다
말로만 듣던 남한산성에 도착하니
이색적인 주막이 즐비하여
이내 가슴을 녹여주고
멀리 보이는 반짝임 들이
마치 서울야경 같다
이방인의 밤은 이렇듯 저물고 있는데.

그리운 어머니

수한 세월이 쳇바퀴에 또 미루고
힘차게 돌아갑니다
아침부터 흐린 하늘가에
어머니의 음성이 들리듯
조용히 비가오고 있습니다
잘 살고 있는냐
들려 올 것 같은 목소리에
놀라 눈을 뜨면
싸늘한 빗방울만 창가에 부딪칩니다
어머니도 저 빗소리를 듣고 계십니까
가슴 깊숙이 솟구치는
어머니의 서러움과 노여움이
비되어 내리는 날이면
불초 소자 이 자식은
어머니가 그리며 목 놓아 웁니다
언제나 어머니 향한 마음이기에
안개 속을 헤치고 무지개다리를 건너
행복의 나라로 돌아가시기를
이 자식은 비옵니다.

멧돼지

어둠이 사라지기 전
마당 한가운데
날으는 잠자리 떼의 외침으로
하루가 시작되지만
사과 꽃이 하루가 다르게 변모해 갈쯤
멧돼지의 활동이 시작된다.
밤마다 농부의 땀을 흩트리는
저들의 세상 속에서
밤은 뉘엿뉘엿 웃음꽃을 피운다.
그들의 길목을 차단하여도
비웃기라도 하듯
밤의 천국은 어쩔 수 없다.

멧돼지의 밥이나 될까
악몽 같은 나날은 지속되고
매미의 위용찬 울음소리는
농부들의 가슴을 촉촉이 적실지라도
농심은 허무하기 그지없다

한나절
숲속에서 세상을 잊고
낮잠 자던 멧돼지는
오늘밤도 어느 논밭을 갈까
즐거운 비명소리만이 산천을 울린다
저들의 세상은
날 샐 줄 모른다오.

분봉벌

밤꽃이 산천을 덮고
그 향기 계곡에 그윽하니
지나는 길손마다 발을 멈춘다
향기 속으로
꿀벌의 세상인양 바삐 날은다
이따금씩 왕대 벌에 정이 깊어
어지러운 벌통 속을 분봉하여
버드나무 가지 끝에
사발같이 모여 앉았다
순간 가지를 베어 통속에 넣으니
주인을 찾은 양 온순하기 그지없이
다시 제집으로 돌아와
창공을 날으며 단꿈을 모은다.

코스모스

저녁놀이 타면
바람결에 답하는 미소
새악시 같은 부끄러움은 덧없다
남몰래 울던 산골처녀처럼
성황당 고갯길에 헤매이다
혹독한 찬 기온에 시들고만 그들은
까만씨가 되어
석양에 눈물 흘린다.

빗속에서

빗속에 섰다
서러워서 보고파서 내 마음을 적신다
까맣게 지워진 얼굴이 그리워진다
비오는 날이면
그녀의 얼굴이 살아난다
빗방울 속에 나타나
빗방울 따라 사라진다
아
그리운 그대.

내일

고요한 산골마을에
아침부터 까치가 울어
온종일 기다림에 설렌다
반가운 나그네가 올려나
그리운 님이 돌아오려나
노을이 지고 어둠이 짙게 깔려도
기다리는 그리움은 사라지고
오늘도 덧없는 하루를 닫는다
내일도 반가운 소식이 날아 와
허무한 내 인생을 달래줄까.

고독의 대화

잣나무 사이로 새어드는 달빛
하얀 갈대꽃이 꼬리치며 우는 밤
대지위에 말없이 우뚝 선 나의 가슴에
향수를 뿌려준다
외로움도
고독도
망각으로 흐르는 눈물처럼
추억되어 달린다
어느듯
종다리 울음소리가
이 밤을 품고 있다.

회상

마지막 남은 달력은
아침의 싱그러움을 안고
뽀오얀 안개처럼 피어오른다
가버린 미련의 도가니를
쉽사리 깨뜨려 버렸듯이
어쩔 수 없는 순간들의 정열을
끌어 모아 불사르고
물씬 풍겨오는 계절의 그리움을
다소곳이 담아
새날의 꿈을 달랜다
계절과 계절이 이어져
한결 같이 농익은 따끈한 커피향이
내 앞에 나폴거린다
가을과 겨울 사이를.

산비둘기

한쌍이 산책을 합니다
이산 저산 산등성이를 너머
구구절절 사랑을 엮어 가노라니
애절한 사랑입니다
서글픈 기다림을 잊은듯
둘은 하나가 되어
별빛과 달빛을 벗삼아
염원을 담은 사랑의 보금자리를 만들며
온 산천을 태우려나 봅니다.

안개

아침을 깨우며
잎새를 적신다
간밤에 울던 부엉이
당신의 간장을 녹이더니
촉촉한 그대 가슴으로
그렇게 울었나 보다.

장날

몇 번을 닦으며
눈 저울을 달고 난 후
새벽 장에 도착하니
미리 온 아주머니 입김들은
찬 서리가 되어 있네

흥정 끝낸 사과상자 속은
빈 것 같기도 하고
찬 것 같기도 하다네

시원섭섭한 마음으로 시장 모퉁이에 앉아
물곰 한 마리에 눈이 띄어
차가운 몸을 녹일 양으로

집에 도착하자마자
무우 파 넣어 끓인 물곰국
고춧가루 듬뿍 넣으니
살짝이 붙어오던 김기도
저 멀리 물러가네.

아침 햇살

아스라한 별빛 속에
밤을 지새우던 대지도
심호흡에 일렁이는 새벽
진실을 남긴 추억은 봄의 입김으로
늦은 밤 길손처럼
구름위에 비켜 선 또 하나의 계절은
시골 아낙네의 치맛자락처럼
애수에 젖은 희망이 머문다
어두움은 침식되어
대해를 향하는 바다인의 의지처럼
가슴으로 타오르는
생명의 외침을 뿌리면서
허허로운 거리마다
계절은 여명의 불꽃을 튕기고 있다.

〈해설〉

목부(牧夫)가 부르는 위로의 노래

정건우 (시인)

〈해설〉

목부(牧夫)가 부르는 위로의 노래

정건우 (시인)

박성대 시인은 농부다. 경북 영덕 창수면에서 소박하게 사과농사를 짓고, 또 여가가 생기면 벌목작업을 하거나 여러 허드렛일을 마다하지 않고 하는 일꾼이다. 그는 또한 젊었던 시절, 중의학에 심취하여 무작정 상경 후, 중국의 권위 있는 의원에게 침술 및 기타 진료법을 사사하기도 했던 특이한 경력의 소유자다. 지금도 그는 침술을 연마하고 있으며 인근의 이웃들이 갑작스런 질병으로 고통받을 때 열 일을 마다치 않고 달려가 치료해 주는 인술을 베풀고 있다. 그러면서도 결코 대가를 바라지 않는 참으로 매력 있고 온화한 인품을 지닌 사람이다. 또한, 그는 창수면 의용 소방대장이라는 직책을 맡아 지역사회에도 봉사하는 모범적이고 적극적인 삶을 살고 있다.

그는 어릴 적부터 시에 대한 사랑과 관심이 남달라서 틈틈이 시 습작활동을 했다. 한 번도 고향을 떠나지 않고 자연을 노래했으며, 팍팍한 삶을 사는 이웃들을 관찰하면서 그 생활의 장면 장면마다 따스하게 이름을 붙여주고 다시 그 이름을 부르면서 목부처럼 살아왔다. 그런 그가 이번에 마음 깊은 곳에서 토해낸 노래를 한 권의 책으로 엮게 되었다. 인고의 세월을 가다듬으며 고통으로 몸부림쳤던 불면의 밤이 낳은 옥고다. 그 자신은 물론 주위 모든 지인과 더불어 격려와 찬사를 받을만한 일이다.

아내와 1남 2녀를 둔 중년의 가장으로, 시인으로서뿐 아니라 자애로운 인술을 펼치는 의원으로, 의용 소방대장으로, 사회 전반에 걸쳐 왕성한 활동을 하는 박성대 시인은 또한 노력하는 시인이기도 하다. 속박 많은 인생의 경험이 결코 만만치 않을 50대 중반의 중후한 나이임에도 그는, 늘 진지한 자세로 대상을 맞는다. 다소 투박하고 느릿한 말씨는 항상 진실을 추구하는 수도자의 자세처럼 겸손하며, 그렇게 선한 심성을 바탕으로 아직도 그는 새로운 시 창작법을 연구하고 공부한다.

박성대 시인은 무명이다. 자신의 시에 대한 성향이 뚜렷한 많은 시인 속에서 그의 시가 어떻게 평가받을지는 아무도 모른다. 물론 그도 모를 일이겠지만 그는 그런 세속의 평가에 귀 기울이지 않는다. 다만, 지금껏 그래 왔듯이 한결같은 마음으로 고향과 자연을 사랑하고 이웃을 사랑하며 그 삶을 진솔하게 들여다보고 그 아픔을 나누며 위무하는 위로의 노래를 끊임없이 부르고자 하는 일념뿐이다.

추수한 밭이랑 사이
멍석을 펴놓고 쭈그리고 앉아
콩타작하는 저 아주머니
방방한 엉덩이를 흔들며

외진 산골
텅 빈 벌판
고랑사이 스미는
적막을 두드리네

작대손 아래
노오란 물방울이 빛나니
머리 휘감은 수건 속에서

서산에 꼬리 잡힌 햇살
바스락 소리와 함께
맺혀가는 땀방울 너머로
가을이 깊어가네.

― 〈늦가을의 해거름〉 전문

넉넉하면서도 다소 쓸쓸한 만추의 풍경이 고스란히 들여다보이는 것은 비단 아주머니의 방방한 엉덩이 때문만은 아닐 것이다. 젊은이들이 빠져나간 시골에도 어김없이 가을은 온다. 만물의 생장을 주도하던 여름이 익어 마침내 그 에너지를 온천하에 순환시키려는 숙강작용으로 숙연해진 가을. 콩 타작을 하면서 저 아낙은 살뜰했던 예전의 기억들을 들추었을 것이다. 도시로 떠난 아이들을 생각하고 또 자신의 꽃다운 청춘을 그리워했으리라. 그러면서도 간간이 소금물처럼 스며드는 뜻 모를 부아 또한 어쩌지 못했으리라. 저 손끝에서 가을이 무르 익는다. 외진 산골, 주름처럼 자글자글한 고랑 사이에서 잠자던 적막을 깨우는 소리에 서산을 넘던 햇살이 멈칫거리는 이 넉넉한 풍경. 목부의 따스한 가슴으로만 그릴 수 있는 한 폭 그림이다.

아무런 움직임 없는
따사로운 햇살이 졸고
가랑잎 옹기종기 모여
도란도란 얘기하는
숲속의 조그마한 연못
숱한 옛이야기가 잠든다
작은 물새 날아와 소란을 피워도
연못은 다정한 미소로 반긴다
나
한 마리 노루가 되어
거울같은 수면에 모습을 비쳐보고
한 모금 목을 축인다
파아란 하늘이 있고
구름이 머물다 가는

숲속 조그마한 연못
옛이야기가 잠든다.

– 〈작은 연못〉 전문

시인은 땔감을 지게에 지고 산에서 내려오던 참이었는가?. 아니면 늘 다니던 오솔길로 산책하러 나갔던 것일까? 모든 사물의 움직임이 정지된 연못에서 시인은 자신을 돌아본다. 수런수런한 소란들을 소리없이 거두어 들이는 연못의 심지 깊은 마음을 저 잔잔한 수면에서 발견하는 것이다. 자연이 자연에게 인사하듯, 한 마리 노루가 된 시인이 들이키는 저 물맛에서는 진한 날것의 향기가 날 것이다. 햇살과 가랑잎과 물새들의 노래와 파란 하늘과 구름이 온전하게 녹아든 생명수의 맛일 테니 작히 비리겠는가.

비가 오면 무너질까
더듬어 보는 담장
아버지 손길 아직도 살아 있어
허물고 고치려 해도
망설여진다
어느 한 날 태풍이 불어
허물어진 한쪽 귀퉁이
흙과 돌 버무려 다시 쌓았건만
그 손길만 못하다
내려앉은 하늘

금방이라도 비가 내리면
나의 흙 담장
아버지 냄새도 씻길 것 같다.

-〈흙 담장〉 전문

아직도 외진 시골에 가면 흙으로 만든 담장을 볼 수 있다. 아무런 장식도 없이 그저 집 안팎의 경계라는 의미로 단순하고 투박하게 지어진 그 모습에서 할아버지가 생각나곤 했었다. 그랬다. 시골에 아버지와 할아버지의 마음은 그렇게 넉넉했다. 일부러 부딪치지 않는 한 무너지지 않을 만큼의 강도로 진흙과 돌덩이를 버무려 담을 만들었다. 그리고 야트막한 담장 너머로 온통 드러나 보이는 그 집 안의 가계를 보고 우리는 살았다. 발걸음 소리가 무시로 드나들던 그 허름한 담장에는 온갖 줄기식물들이 엉겨 살았다. 그러한 아버지의 가슴이 포개진 담장이니 어찌 허물 수 있겠는가?. 금방이라도 내릴 비에 아버지 냄새가 씻길 것 같다는 시인의 조바심이 참으로 눈물겹다.

아직 당신이 쉬어갈 눈부신 꽃밭입니다
찢어질 듯 뼈아픈 비바람도
열렬히 피어오르는 목련입니다
소슬바람 불어와 매만지면
나비떼 춤추듯

당신이 쉬어갈 눈부신 꽃밭입니다
한줌 이슬 머금은 백일홍도
담장 밑에 숨어 있는 흑장미도
수줍음을 유혹하듯
그러나 아직은
당신이 쉬어갈 꽃밭입니다
채송화 그리고 민들레도 당신을 사랑합니다
꽃들로 얽힌 무릉도원에서
당신과 나는 사랑의 세레나데를 들을 겁니다.

– 〈꽃밭〉 전문

이렇게 아름다운 꽃밭을 일군 이 누구일까? 도시적으로 편리한 생활의 혜택이 없다시피한 외진 산골에서 이토록 소담한 꽃밭은 어쩌면 문화적 인프라일 수도 있겠다. 벌과 나비가 분주하게 생산활동을 하며 활력으로 넘치는 그곳에서 형형색색으로 현란한 꽃밭. 어찌 보면 반복되는 일상으로 찌든 시골생활에 일종의 보상심리로 가꾼 것인지도 모르겠다. 그렇다면, 누가 그 꽃밭을 만들었다는 말인가? 아마도 시인의 아내라 생각된다. 시인이 일상에서 더러 지치고 절망하듯이 그의 아내도 그럴 것이다. 아니 어쩌면 시인보다 더 지치고 힘이 들 것이다. 팍팍한 시골에서의 살림살이야 더 물어 무엇하겠는가. 그러나 시인은 아직 아니라고 아내를 위로한다. 아직은 아내를 필요로 하고 아내도 필요한 의미로서 꽃밭을 규정한다. 아내가 꽃밭을 만들어 자신을 보여

주었듯, 주렁주렁 열리는 열매를 보여주려고 시인은 역경을 견디자고 아내를 위무한다. 모든 사물을 미적인 형태로 치환하고자 하는 시인의 마음에 향기가 가득하다.

아내들이여
남편한테 잘하라
남편을 어쨇아 하고 탓하기 전에
거울 앞에 서서
한심하게 변해가는 자신을 보라

아내들이여
그나마 옆에 두고 볼 수 있는 남편
얼마나 고맙고 행복한 일인가
감사할 줄 알아라

어느날 혼자 되면
비참한 모습을 상상해 보라
초라하고 누추한 모습을 생각해 보게나
세상에 속내리 비밀을 같이 할 사람 없고
병들면 보살펴 주는 사람 없을거니
생각만 해도 아찔하고
외롭고 슬픈 일이 아니겠느냐

자식이 효도한들
병든 남편만 하겠는가
남편이 옆자리를 지킬 때
행복의 보금자리가 아니겠는가.

– 〈아내들이여〉 전문

아내를 빗대어 표현한 말이지만 이것이 비단 아내에게만 통용되는 이야기겠는가? 역설적으로 세상 모든 남편에게 고하는 말이며 결국 우리 모두에게 전하는 고언이다. 세상 사람들에게 고하노니 있을 때 잘하라는 얘기다. 부부란 것이 무엇이던가?. 이 광활한 창공에 먼지처럼 떠돌던 존재, 저 온 곳 모르고 제 생각 아니게 태어난 두 몸이 마음 두근거려 맺은 인연 아닌가?. 그리고 철천지원수로 살았건, 죽도록 사랑했건, 있는지 없는지 모르게 물 같은 존재였건, 갈 때 되면 이제 제 곁에 끝까지 남아 세상 마지막 눈물 떨어낼 대상이 또한 부부 아니던가. 그러고 난 후에 다시 저 갈 때까지 대못으로 박힌 가슴팍에 산처럼 걸어질 장막 같은 인연이 부부 연이려니, 세상 부부들이여 사람들이여, 날갯짓 따라 새가 날아가듯 따라오고 따라가서 그렇게 살 일이다. 잘도 싸우며 잘도 풀어가며 있을 때 잘하는 아름다운 세상으로 만들 일이다.

이렇듯 보이는 세상 모든 대상들에게 애틋한 연민의 시선을 보내는 시인, 따뜻한 가슴으로 조건 없는 사랑을 펼쳐보이는 박성대 시인은 휴머니스트다. 서두에서 말한 바대로 고향의 아름다운 자연 풍경과, 팍팍한 삶을 사는 이웃들 삶의 장면 장면마다 따스하게 이름을 붙여주고 다시 그 이름을 현란한 기교 없이 그

저 담백하게 풋풋한 목부의 노래처럼 오늘도 불러주고 있다. 그 한결같은 마음으로 아름다움과 아픔과 세상 역경을 소리 없이 이겨내는 넓은 가슴으로, 삶의 조언을 아끼지 않는 친구의 모습으로 우리 곁을 지켜 주리라 믿어 의심치 않는다.

시인 정건우 프로필

강원도 양구 출생, 포항 거주
한국문인협회 시분과 회원
한국현대시인협회 회원
좋은문학 시부문 신인상
한국시인상 수상
서울디지털대학 문예창작학부 수료
저서: 시집 "생각하며" 공저 "수직의 거리" 외 다수.
현재 환경업체 (주) 지엔텍 생산부장으로 재직

도서출판
현대시선

단행본 출판안내

◆ 시집 ◆ 수필집 ◆ 소설 ◆ 간행물 출판 ◆

‖ 도서출판 현대시선에선 작가님들의 옥고가 담겨있는 서적 출판 기획이 있으신 분을 성심성의껏 도와 드리겠습니다.

본사 : 서울시 동대문구 장안동 381-8 삼보A동 102호
지사 : 경기도 부천시 원미구 원미동 147-12

전화 : 02-844-5756 팩시밀리 : 02-831-5832
이메일 : hdpoem55@hanmail.net